Habla para manifestar

Un desafío de seis días de diálogo positivo para manifestar la vida de tus sueños

Ley de la atracción - libros cortos nº 9

Por Elena G. Rivers

Copyright © 2021 by Elena G. Rivers

ISBN: 978-1-80095-090-0

Todos los derechos reservados.

El contenido incluido en este libro no puede reproducirse, duplicarse o transmitirse sin el permiso directo por escrito del autor o del editor.

Aviso Legal:

Este libro está protegido por derechos de autor. Es solo para uso personal. No se puede modificar, distribuir, vender, usar, citar o parafrasear ninguna parte o el contenido de este libro sin el consentimiento del autor o editor.

Aviso de Exención de Responsabilidad:

Tenga en cuenta que la información contenida en este libro es solo para fines educativos y de entretenimiento. Todo el esfuerzo se ha ejecutado para presentar información precisa, actualizada, confiable y completa. No se declaran ni implican garantías de ningún tipo. Los lectores reconocen que el autor no participa en la prestación de asesoramiento legal, financiero, médico o profesional.

Al leer este documento, el lector acepta que en ningún caso el autor es responsable de las pérdidas, directas o indirectas, que se incurran como resultado del uso de la información contenida en este documento, incluidos, entre otros, errores, omisiones o inexactitudes.

Introducción: Hazte amigo de tu crítico interior (y de por qué tienes que dejar de enfrentarte a él) 5

Día 1: Los grandes secretos del diálogo interno para un cambio increíble de energía y mentalidad 15

Día 2: Trucos de neutralidad para encontrar la paz interior eterna 36

Día 3: El éxito comienza en tu mente, pero ¿cómo lo expresas? 44

Día 4: El valor de estar contigo mismo sin tener que cambiar 57

Día 5: Hazte amigo de tu subconsciente y libera los patrones negativos 63

Día 6: Errores de la afirmación a evitar y secretos para manifestar la realidad de tus sueños con afirmaciones personalizadas 77

Conclusión: Confía en ti mismo 96

Más Libros de Elena G.Rivers en Español 98

Introducción: Hazte amigo de tu crítico interior (y de por qué tienes que dejar de enfrentarte a él)

No solo se trata de lo que hacemos, sino de cómo lo hacemos. En otras palabras, se trata de la mentalidad y la energía que ponemos en lo que sea que queramos practicar, ya sea una modalidad de desarrollo personal, un ritual de espiritualidad o de alguna habilidad que queramos dominar.

Si alguien me preguntara "¿cuál es la enseñanza más grande que quieres que los lectores aprendan de este libro?", sin dudas respondería: "mi intención es que el lector entienda por completo la idea de que no solo se trata de *lo que hacemos*, sino también de *cómo lo hacemos*".

Por supuesto que hay muchas otras hermosas revelaciones que he tenido recientemente y que compartiré en este libro. Sin embargo, los métodos y las técnicas que descubrirás en este libro no serán tan efectivas y transformadoras si no comprendes los conceptos principales detrás de los mismos.

Si quieres dominar tu diálogo interno y usarlo como herramienta de manifestación para comenzar a vivir la vida de tus sueños, debes aceptar las diferentes capas para crear un fundamento sólido (y divertido) de lo que está por venir. Y créeme: cuando comiences a vivir las cosas que comparto contigo en este libro, tu mentalidad y energía comenzarán a cambiar y tu vida mejorará.

Entonces, ¿cuáles son las capas que componen este diálogo interno positivo?

1. No estamos *intentando* eliminar el diálogo interno negativo.

Ya lo sé. Se trata de una afirmación fuerte. Quiero decir, se supone que tenemos que ser optimistas, ¿verdad? Es un desafío de diálogo interno positivo; ¿quiere decir que me volví loca? Si no conoces mi trabajo y no has leído ninguno de mis otros libros, no te preocupes. No tienes que leer los otros libros de la serie para entender los principios de la creación de la realidad positiva que enseño.

Esta es la idea principal de la positividad: jamás te castigues por descubrirte pensando en cosas negativas, tener un estado de ánimo negativo o decir cosas negativas. La negatividad que experimentamos son solo críticas. Los desencadenantes pueden ser sanadores. ¡Así que deja de sentirte mal cada vez que te descubras sintiéndote mal!

Por supuesto, nuestra meta principal es ser optimistas y seguir apuntando al optimismo. Aceptar el arte del diálogo interno positivo es una de las mejores cosas que puedes hacer para vivir una vida mejor y más feliz.

No obstante, nunca debes intentar pasar a la positividad desde un lugar negativo de miedo. Por ejemplo: "si sigo siendo tan pesimista, algo terrible sucederá; y ahora me siento muy mal porque sigo teniendo pensamientos negativos".

En cambio, sigue escalando la montaña del optimismo cada día, da siempre lo mejor de ti y sigue avanzando. Hazlo porque se siente bien y porque te emociona llegar cada vez más alto, no porque sientes miedo o te avergüenza de dónde vienes.

De hecho, a medida que escalas la montaña del optimismo, permítete mirar hacia atrás, admirar la vista y darte una palmadita en la espalda por todo lo que has logrado hasta ahora.

¡Ten en mente esta metáfora positiva de la montaña cada vez que lo necesites! No trates de eliminar a tu crítico interior, porque su poder puede ser el catalizador más poderoso en tu proceso. Después de todo, es muy probable que estés leyendo este libro gracias a tu crítico interior. ¡Te has dado cuenta de que tu diálogo interno negativo puede frenarte y has decidido invertir en tí mismo y afrontar este pequeño desafío!

2. Deja ir la mentalidad de "tengo que mejorar".

Sí...lo sé, lo sé. Todos conocemos las famosas "mejoras internas". Verás, personalmente, no me gusta el término "mejoras", pues implica que no somos lo suficientemente buenos. Prefiero definirme como "un alma curiosa" o "una apasionada por aprender y crecer". Entiende que estás bien tal y como eres, y leer este libro y realizar este desafío debe ser sencillo, emocionante y divertido.

Imagina que tienes un poco de hambre y alguien cocina tu comida favorita. Tu estómago seguramente está rugiendo y tal vez comiences a salivar. ¡Por fin! Qué bien se siente. *Tengo hambre, y ahora voy a disfrutar de mi comida favorita (¡y el postre!). Yum, no veo las horas de probarlo...*

Bueno, así es como deberían sentirse tu mente y tu corazón mientras lees este libro y realizas este desafío. Debe sentirse como tu comida favorita, que un ser querido cocina para ti para hacerte sentir bien, cuidarte y hacerte feliz.

Pregúntate: ¿cómo se sienten mi mente y mi alma con respecto a lo que está por venir? ¿Están emocionadas? ¡Porque deberían estarlo!

Sí, no estoy adoptando el típico enfoque de libro de autoayuda con todos esos "deberías hacer esto o aquello". En cambio, elijo un enfoque intuitivo y espiritual y actúo desde el amor, la autenticidad y la felicidad de conocerse mejor a uno mismo.

Por lo tanto, recuerda, nunca te sientas mal por sentirte mal. Los pensamientos y las emociones negativas son solo críticas que nos recuerdan que debemos seguir escalando las montañas del optimismo. Y mientras más te adentres en el trabajo interno que este desafío te sugiere, descubrirás que el diálogo interno negativo será cada vez menor, pues tu mente y tu corazón salivarán (metafóricamente, por supuesto) con el simple hecho de darse un gusto de algo positivo. De hecho, lo sentirás, y no verás las horas de explorar tu positividad interior. Sí. Naturalmente estamos llenos de positividad; así nacimos. Son las normas de la sociedad las que intentan ponernos en nuestro lugar: ¿cómo una persona puede ser feliz sin motivo aparente? ¿Quién se cree que es?

Bueno, la buena noticia es que en el fondo estamos llenos de positividad, y nos encanta. Es solo cuestión de volver a nuestras raíces mientras liberamos todo nuestro potencial. Nuestro planeta está despertando en este momento. Necesitamos más líderes positivos. Cuando digo "líderes", no necesariamente hablo de personas en posiciones de liderazgo. El verdadero liderazgo comienza con uno mismo, con encarnar nuevos valores positivos basados en el amor y con ser un ejemplo para quienes te rodean (incluso si tu trabajo o profesión no implica liderar a otras personas).

En simples palabras, en mi mundo todas las personas son líderes y las trato como tales. Creo que todas las personas pueden desatar su positividad y añadir valor a este mundo al elevar su vibración y ser amables, genuinas y compasivas. ¡Ese es precisamente el tipo de lector que elijo atraer!

3. Nuestro crítico interior no siempre es malo. De

hecho, tiene buenas intenciones, porque muy a menudo quiere protegernos de los peligros.

Por ejemplo, sabiendo que elijo comer sano, mi crítico interior podría decirme: "Elena, bebe agua o un batido en vez de gaseosas o bebidas azucaradas. ¿Acaso no lo recuerdas? Te prometiste a ti misma vivir un estilo de vida saludable".

Este es un ejemplo de un diálogo interior honesto y alentador. Sin embargo, si no puedo controlar lo que sucede, mi crítico interior puede comenzar a maltratarme: "nunca te mantienes firme; ¡todas esas promesas vacías! Nunca puedes comprometerte con nada. Ah, apuesto a que haces lo mismo con la escritura. Comienzas con toda la emoción y luego te das por vencida, como siempre".

Como verás, nuestro crítico interior tiene mucho talento para el diálogo interno agresivo y negativo. Si no las controlas, esas cosas sucederán en piloto automático, y terminarás hablándote mal a ti mismo.

Aún así, desearíamos que el mundo nos trate mejor. Queremos atraer personas que sean amorosas, amables y compasivas.

La mayoría de las personas mantienen un charloteo

negativo INTERMINABLE en sus mentes, y esto es lo que les impide manifestar sus deseos más profundos.

¿Qué tiene de bueno pasarte una hora cada día escribiendo, afirmando, visualizando (o cualquier otro método de la ley de la atracción) si alimentas tu diálogo interno negativo la gran mayoría del tiempo que estás despierto?

Ahora, esto es lo emocionante: *Tú no manifiestas lo que quieres. Manifiestas lo que eres y lo que tienes en tu interior.*

Explorar y transformar tu diálogo interno es una de las herramientas espirituales y de desarrollo personal más efectivas para acercarte más a tus deseos (mientras disfrutas de paz mental, felicidad y alegría).

Este libro está pensado para ayudarte con todo esto. Tu también puedes reprogramar tu diálogo interno y convertirte en un líder consciente de tu realidad en seis simples pasos.

¿Recuerdas la última vez que te trataste mal a ti mismo y prácticamente abusaste de tu diálogo interno negativo? Imagina que otra persona te tratara de ese modo. Seguramente te sentirías decepcionado y triste y no querrías tener un amigo así. O imagina que le hablaras de manera negativa a un amigo. Es probable que lo harías sentir triste (y tú también comenzarías a sentirte mal).

Sin embargo, por alguna razón, cuando se trata de hablar contigo mismo (y acceder a la herramienta de manifestación más grande que existe: tu subconsciente), puedes asumir que está bien o que es normal.

Luego, podrías decidir que quieres mejorar tu diálogo interno o cuidar lo que dices. Y tal vez entres en otra trampa impuesta por ti mismo: "no soy lo suficientemente bueno, tengo que cambiar esto y aquello, cambiar mi actitud y ser mejor persona. ¿Y si solo necesito una lista de afirmaciones y palabras poderosas?".

Bueno, sí, hay palabras que son más poderosas que otras y palabras que es mejor evitar, y hablaremos de todo ello en este libro.

Recuerda la regla de oro: no se trata tanto de *lo que hacemos*, sino de *cómo lo hacemos*. Entonces, ¿cuál es el mejor *cómo*?

¡A estas alturas "deberías" saberlo! (sólo bromeo; no es mi intención decirte todo lo que "deberías" hacer).

Verás, estoy comenzando a cuidar cada cosa que digo.

Considero que la libertad interior es esencial, así que elijo cada palabra con cuidado. También tengo ganas de comunicar mi mensaje, no desde un lugar de "esto es lo que debes hacer; esto es bueno y esto es malo", sino desde un lugar de "déjame inspirarte para que le des una oportunidad. Fíjate cómo se siente y luego podrás elegir por ti mismo".

Entonces, lo que en realidad quiero decir es lo siguiente: piensa en actuar desde el amor propio, la autenticidad y abundancia. Hazlo para aceptar realmente el poder del diálogo interno positivo a la vez que escalas tu propia montaña del optimismo. Al mismo tiempo, ama a tu crítico interior, incluso a los momentos esporádicos de diálogo interno negativo, ¡porque eso es lo que te puso en este camino basado en el amor de liberar todo tu potencial y elevar tu vibración!

Día 1: Los grandes secretos del diálogo interno para un cambio increíble de energía y mentalidad

"Tus creencias se convierten en tus pensamientos,

tus pensamientos se convierten en tus palabras,

tus palabras se convierten en tus acciones,

tus acciones se convierten en tus hábitos,

tus hábitos se convierten en tus valores,

tus valores se convierten en tu destino".

Mahatma Gandhi

Recuerdo haber visto esta frase tantas veces de pequeña. Cuando era niña, iba a jugar a la casa de una amiga, y su papá solía colgar frases positivas en todos lados, hasta en el baño.

También era un sanador de energías, lo cual en ese momento me parecía bastante raro. Para ser honesta, cuando era pequeña nada me parecía demasiado extraño, pero así lo interpretaba, pues mis padres (ambos criados en un entorno muy religioso) catalogaban esas cosas como "raras". Con el tiempo, ellos decidieron que debía dejar de jugar con mi amiga y no ir más a su casa, porque su papá probablemente estaba en una secta, hacía rituales de energías y adoraba a diferentes líderes espirituales. ¿Quién sabe?

Esa historia de mi infancia invadió mi mente apenas vi la frase de Gandhi en las redes, y recordé que la primera vez que la ví fue en el baño de mi amiga. También recuerdo que su papá solía decirnos:

Nunca digas: "no puedo hacerlo"; en lugar de eso, pregúntate: "¿cómo puedo hacerlo?".

En otra situación, cada vez que algo sucedía en el patio de juegos, por ejemplo, cuando los otros niños eran malos conmigo, mis padres por poco me gritaban: "¿Lo ves, lo ves? ¡Ya te lo hemos dicho! ¿Por qué siempre terminas metida en problemas?".

Sin embargo, al mismo tiempo, el papá de mi amiga solo decía: "no te preocupes, se trata de aprender. Entonces, ¿qué has aprendido hoy sobre el patio de juegos?".

Él también solía decirnos todo el tiempo que nunca usemos palabras como "odio" o que nunca le digamos "estúpido" a un niño o a otra persona, para no crear energía negativa.

Esa fue la primera vez que estuve expuesta al diálogo interno positivo sin siquiera darme cuenta. Lamentablemente, en ese momento, mis padres no veían nada bueno en nuestra amistad y, como ya sabes, mi amiga y yo tuvimos que dejar de vernos. Después fuimos a diferentes escuelas y no nos mantuvimos en contacto. De pequeña me enojaba porque mis padres no me dejaban ir más a la casa de mi amiga, pero ahora entiendo que solo lo hacían para protegerme según sus criterios culturales y religiosos, y que hacían lo mejor que podían.

Incluso hoy estoy agradecida por la decisión que tomaron, porque las palabras positivas, la positividad, la amabilidad y el diálogo interno positivo son algo que no doy por sentado. Es algo en lo que tengo que profundizar y aprender a dominar por mi cuenta.

También creo que el Universo (Dios, el Poder Superior, tu Yo Superior, o lo que sea en lo que crees) nos pone obstáculos para que apreciemos las cosas buenas en nuestras vidas. Por lo tanto, si no hubiera sido por mis padres en ese entonces, no habría sido capaz de experimentar los contrastes cuando se trata de entender la diferencia entre lo positivo y lo negativo y las consecuencias del diálogo interno constructivo o destructivo.

Tu desafío del día es observar con mayor detenimiento las palabras que usas. Recuerda que todo lleva su tiempo, así que nunca debes sentirte culpable por ser pesimista o por usar palabras que no se alinean del todo con lo positivo.

Tus patrones de lenguaje son fundamentales y, por lo tanto, hay muchas palabras que te recomiendo dejes de usar.

Puede tomar algo de tiempo, pero valdrá la pena. Más aún cuando comiences a aplicar las herramientas de este capítulo y sepas con exactitud qué palabras deberías usar.

Estamos hablando de palabras extremadamente poderosas que te darán mucho poder y confianza, mientras al mismo tiempo amplificas y aceleras el proceso de manifestación.

Por ejemplo, en lugar de decir:

"intento hacerlo",

di:

"estoy jugando" o "estoy experimentando".

Decir que lo "intentas" automáticamente le da lugar a la enorme posibilidad de fracasar e incluso la falta de compromiso genuino. Por ejemplo, en lugar de decir: "intento hacer que esta idea de negocios funcione", mejor digo: "estoy experimentando con esta nueva oportunidad, o estoy aprendiendo sobre ella".

Verás, cuando experimentas o aprendes, no hay lugar para el fracaso.

Cuando experimentas, logras un resultado que te enseña algo. No existen los resultados negativos; son solo resultados, una fuente de información y comentarios valiosos.

En lugar de decir "quiero", di:

"elijo" o "tengo la intención de". ¡Son palabras mucho más poderosas!

Querer nos convierte en aspirantes. Por definición, un aspirante quiere algo porque no lo tiene, queda atrapado en la energía de esperar, querer y necesitar, y nunca se siente inspirado a romper con los patrones negativos por medio de acciones positivas. Si eres el mejor en algo, ya lo tienes y ya lo estás haciendo. Es completamente normal para ti.

También puedes decir que estás "en proceso de manifestar" algo. Expresar que estás en proceso es una excelente forma de minimizar la resistencia. Esto te será increíblemente útil si estableces grandes metas e intenciones enormes, y quizás te dé algo de nervios. Si estableces que estás en proceso, eso te relajará, como si estuvieras en piloto automático.

Sigue adelante con claridad y mantente firme. Por ejemplo, si tu deseo es convertirte en un empresario exitoso, concéntrate en un solo emprendimiento hasta que logres el éxito. No puedes dejar todo por la mitad.

Por cierto, yo era de las que dejaba todo "a medias", jajaja, ¡no quiero ni hablar de eso! Pero una vez que tomé la decisión con firmeza y me concentré en mi pasión, las cosas comenzaron a cambiar y manifesté cosas y situaciones que me ayudarían.

También evita los patrones de pensamiento de "tal vez" y "cuando tenga esto, podré...". ¿Por qué no tenerlo directamente?

¿Tal vez existe un vuelo sin escalas?

Alinearse es esencial, ya que no debes vibrar en medio del caos ni manifestar situaciones de "tal vez" o de "voy a hacer esto cuando...".

Para ser honesta contigo, yo ni siquiera era consciente de mis patrones de lenguaje y de la forma en la que hablaba sobre mis ambiciones y deseos, hasta que alguien me lo señaló. Y ese alguien fue mi amiga de la infancia de la que te hablé, con la que volví a reunirme después de muchos años. Estaba tan emocionada por volver a vernos, porque ella era la personificación de todo lo que deseaba y me inspiró a transformar mi vida. Comencé a atar cabos y rápidamente me di cuenta de que el éxito de mi amiga se debía a su crianza en un entorno de diálogo interno positivo.

Aquí estamos ahora, poniéndonos al día y bebiendo algo de té. Mientras le cuento sobre mis metas, mi amiga me escucha con paciencia sin interrumpirme en absoluto.

Y eso me encanta, porque en mi familia me interrumpían todo el tiempo, me recordaban que el dinero no crece en los árboles y que estaba pidiendo demasiado.

Por último, mi amiga me preguntó: "Elena, ¿puedo decirte algo? Es solo un comentario que creo que te servirá".

Le dije: "Sí, claro, adelante".

Ella me respondió: "bueno, Elena: antes que nada, no quiero herir tus sentimientos ni nada de eso. En verdad siento que tienes un gran potencial para lograr grandes cosas, pero hay patrones negativos que tienes que soltar. Bien, en primer lugar, desde que nos reencontramos no has dejado de hablar de todo lo que quieres hacer. Se sentía como un monólogo y no como una conversación. Ni siquiera te detuviste para preguntarme qué hago de mi vida. Pero no te preocupes, para mí no es un problema; estoy aprendiendo a ser una buena oyente, así que agradezco esta oportunidad.

Sin embargo, lo que sucede es que la manera en la que hablas de tus planes no inspira confianza. La forma en que expresas tus metas y deseos; es como si estuvieras buscando mi aprobación o la aprobación o el permiso de alguien más antes de comenzar. También hablas mucho de otra gente exitosa, pero no les das suficiente crédito por sus logros.

Y luego hablaste de todo lo que has logrado, esperando que otras personas te felicitasen o quejándote porque no te valoraban. Por último, seguiste hablando de tus objetivos con palabras como "intento", "tal vez", "veremos". Si fuera tú, lo primero que haría es liberar la negatividad de tus palabras lo más posible. Créeme, te beneficiará mucho y tu energía personal cambiará. También considero que te ayudará mucho en la forma en la que te comunicas con los demás. Abrirá un montón de puertas para ti naturalmente".

¿Qué puedo decir? En ese momento, las palabras de mi amiga hirieron mi ego. Seguía diciéndome a mi misma: "ah sí, ella puede darme todos los consejos maravillosos que quiera, porque ella es la Señorita Perfecta. Tuvo una buena crianza positiva y una mejor educación, ¡y ahora viene aquí a intentar darme consejos!".

Pero en el fondo, algo cambió dentro de mí. Recuerdo estar sentada en una habitación de hotel después de habernos encontrado y pensar: "¿y si ella tuviera razón? ¿Qué tengo para perder?".

Salí a comprar un cuaderno (en ese entonces, no era una adicta a los diarios como lo soy ahora, así que no tenía nada en donde pudiera organizar mis pensamientos), volví al hotel y comencé a escribir mis metas y mis ideas de una forma completamente diferente. Así es como surgió el siguiente ejercicio y así es como comencé a transformar mi diálogo interno.

Te invito de corazón a realizar este ejercicio y a comenzar a usar palabras y patrones de lenguaje más poderosos para hablar contigo mismo.

Ejercicio 1:

Es momento de cambiar la forma en la que ves tus metas y tus deseos...

Evita decir: "quiero...".

A menos que estés pidiendo la cena y digas: "quiero una lasagna de zucchini".

No obstante, cuando hables de tus metas, hazlo con firmeza. Di:

"¡tengo la intención de hacerlo!".

Ah, y ten cuidado con usar todos esos "peros".

Sí puedes decir: "quería ir a la playa, pero ahora está lloviendo"; no hay nada de malo en eso.

Sin embargo, hablar de tus sueños, tus metas, tus ambiciones y de la realidad que deseas es algo sagrado. Así que no arruines toda esa magia con tus "peros".

¿Qué se siente hablar contigo mismo y pensar en tus metas usando palabras poderosas como "intención"?

¿Y cómo se siente reemplazar todos esos "peros" con una frase más poderosa, como "me comprometo a hacer esto"?

Ejemplo:

Diálogo interno antiguo y limitante: "quiero crear un canal de Youtube, pero la verdad es que no tengo mucho tiempo para hacerlo".

Diálogo interno nuevo y poderoso: "tengo la intención de crear un canal de Youtube y me comprometo a hacerlo de a poco para crecer de manera constante".

Ahora puedes dar el próximo paso. Cuando hables contigo mismo y recuerdes tus metas, tu visión y tus deseos, incluye tu nombre en ellos. ¡Amplificará el poder de la intención y la llevará al siguiente nivel!

Por ejemplo:

"Yo, Elena, tengo la intención de escribir un nuevo libro de autoayuda y me comprometo al cien por ciento con mi nuevo deseo; ¡estoy absolutamente fascinada!".

(Por cierto, compáralo con: "sí, es posible que escriba un libro nuevo, pero no sé si a las personas les gustará. ¿Y si no tengo nada nuevo para decir?").

Recuerda que se supone que este libro no es sobre mí. Solo uso ejemplos de mi propia vida para ilustrar mi opinión y crear estructuras de lenguaje factibles que puedas usar en tu propia vida.

Por ejemplo, la meta de Nancy es comenzar a ganar diez mil dólares estadounidenses al mes en su nuevo negocio de *coaching*. Y sí, ella podría torturarse con "quizás", "pero" y "es difícil". Y es seguro que, mientras más te concentres en el hecho de que la meta es desafiante y que pocas personas lo logran, más programas para ello a tu sistema de activación reticular (SAR). Entonces, comenzarás a buscar pruebas de por qué es difícil y quedarás atrapado en tu vieja realidad.

El SAR es lo que hace funcionar a la ley de la atracción. Y siempre funciona. Está en ti elegir despertar cada día, comenzar a programar tu mente de manera consciente y dictar tu vida de la manera que deseas.

Tu SAR registra las cosas en las que te concentras y crea filtros para mostrar lo que hay en tu mente. En otras palabras, usa algoritmos inteligentes para mostrarte exactamente lo que piensa que es lo que más deseas ver.

Sin embargo, hay un pequeño problema. A pesar de que el SAR es bueno para mostrarte lo que cree que quieres ver o lo que llama tu atención, no es bueno para entender lo que en verdad quieres.

Solo puede determinar las cosas en las que te enfocas; eso es todo. Así que pregúntate: ¿en qué piensas? ¿Con qué alimentas tu mente? ¿Te enfocas en lo que deseas?

Ahora volvamos a nuestra amiga Nancy y su ambiciosa meta de manifestar un negocio de diez mil dólares estadounidenses al mes. Ella puede elegir hablar consigo misma con frases poderosas y asociar su nombre con sus intenciones. Aquí tienes un ejemplo:

"Yo, Nancy, tengo la intención de ganar diez mil dólares estadounidenses al mes de manera constante en mi negocio de *coaching*. Me encanta mi nueva meta; ¡es divertida y estoy aprendiendo y creciendo mucho!

Ahora, ¿y si Nancy empieza a percibir vibras negativas y limitaciones de otras personas? Es probable que alguien de su familia le diga que no sirve o que nunca lo logrará.

Bueno, Nancy también puede hablar consigo misma usando la siguiente estructura:

"Tú, Nancy, tienes la intención de ganar diez mil al mes con tu negocio de *coaching*. Tú, Nancy, estás muy comprometida con ello. A ti, Nancy, te encanta el proceso de lograr tus metas".

Ahora, ¿y si Nancy escuchó cosas negativas sobre ella cuando era pequeña? Tal vez una maestra dijo algo negativo sobre ella, como lo mala que era para las matemáticas; luego sus padres hablaron sobre ello, ella escuchó por casualidad y se convirtió en su historia limitante.

Bueno, ella podría usar esta estructura:

"Ella, Nancy, tiene la intención de ganar diez mil al mes con su negocio de *coaching* ¡y le encanta!".

A mí me encanta decir frases como "me encanta" (o "te encanta", "le encanta" cada vez que hablo conmigo misma sobre mí misma en segunda o tercera persona).

Algunos lectores tal vez se preguntarán si sería más efectivo saltarse incluso la palabra "intención" y concentrarse directamente en la meta, como si ya se hubiera concretado. Por ejemplo:

"Yo, Nancy, ahora estoy ganando diez mil dólares al mes con mi negocio de *coaching* y me encanta".

"Tú, Nancy, ahora estás ganando diez mil dólares al mes con tu negocio de *coaching* y te encanta".

"Ella, Nancy, ahora está ganando diez mil dólares al mes con su negocio de *coaching* y le encanta".

Sí, esta estructura también es muy buena. Todo depende de cómo te sientas al respecto. Algunas personas necesitan un pequeño "puente", por lo que usar la palabra "intención" o decir "estoy en proceso" puede ayudar a minimizar la resistencia que experimentan al enfocarse en sus deseos.

Por lo tanto, está en ti decidir qué tipo de estructura usar.

Otra pregunta que tal vez te estés haciendo es esta: ¿esta estructura se relaciona solo con nuestro diálogo interno o también con cómo hablamos de nuestras metas con los demás?

La respuesta a esa pregunta es que depende de con quién estés hablando y el vínculo y la confianza que tienes con esa persona. También depende de las cosas que te motivan.

A algunas personas les gusta hacer públicas sus metas, porque las motiva y las impulsa a cumplirlas más rápido. Si te gusta compartir tus metas con los demás, te aconsejo sin dudas usar un lenguaje poderoso cuando lo hagas, porque de esa manera emitirás una vibración de confianza.

Es importante mencionar que, si has decidido compartir tus metas con otras personas, debes estar seguro de que puedes confiar en ellas y de que son comprensivas, amorosas y amables.

Incluso puedes comenzar tu propio grupo de apoyo con personas que piensen igual que tú, en el que se brinden apoyo, hablen de manera positiva sobre sus metas, actúen con confianza e inspiración, acepten el proceso y generen una energía colectiva poderosa.

En mi caso, no comparto mis metas con otras personas, a excepción de amigos que estén pasando por el mismo proceso que yo y en quienes pueda confiar ciegamente. Mi razón es que aprendí un par de lecciones gracias a mis errores del pasado (y por los que estoy muy agradecida).

Sabes, solía ser una aspirante. Me emocionaba demasiado por algo y después hablaba de ello con casi todas las personas que conocía. No solo usaba toda mi energía creativa para compartir mis ambiciosas metas con los demás, sino que la forma en la que hablaba de ellas no generaba la confianza suficiente, por lo que emitía la energía de un aspirante: alguien que quiere algo, pero queda atascado en el querer, y eso es todo. Otras personas se dieron cuenta de esta energía y, con el tiempo, dejaron de tomarme en serio. En ese entonces, mi diálogo interno era bastante negativo y solía castigarme a mí misma por ni siquiera intentarlo o rendirme demasiado pronto. Estaba atrapada en el patrón negativo de querer, perseguir y emocionarse de nuevo por alguna otra novedad.

Esto sucedió hace muchos años, y desde entonces aprendí la lección. Este es mi nuevo enfoque: no hablo de mis metas a menos que alguien en quien confío me pregunte sobre ellas, o le confíe algo a un mentor experimentado o un grupo de mentes maestras al cual acudir por consejos.

Lo interesante es que, desde que cambié mi plática interior (y mi mundo interior), mis acciones, mi comportamiento y la forma en la que me presento frente a los demás han cambiado de manera drástica. La comunicación con mi subconsciente cambió, incluso sin adentrarme en el estudio de las técnicas de lenguaje corporal. Y gracias a mi energía renovada y transformada empecé a atraer grandes mentores y guías a mi vida. Al mismo tiempo, dejé de atraer a todos los críticos y llorones que están al acecho para atormentar a alguien y a su energía insegura.

Por lo tanto, si alguna vez te descubres sintiéndote mal porque pareces no atraer a las personas correctas a tu vida, las cuales puedan ayudarte, guiarte y apoyarte, lo primero que debes hacer es convertirte en tu propio detective de la ley de la atracción y analizar tu diálogo interno. El siguiente paso es evaluar la forma en que hablas de lo que haces en frente de los demás. Por experiencia personal, a veces menos es más. Las personas más exitosas e inspiradoras que he conocido rara vez hablan de ellas mismas y de sus logros a menos que les pregunten o que su historia pueda servir de aprendizaje para otros.

En conclusión, todo comienza con cómo hablas contigo mismo y con cómo te tratas. Tú no manifiestas lo que quieres, manifiestas lo que está dentro de ti. Tu mundo interno se traduce en tu comportamiento y tu energía.

Tu comportamiento y tu energía son los mayores responsables de lo que manifiestas en tu realidad. A pesar de que es duro para algunas personas, pienso que esto es muy positivo e inspirador. ¿Recuerdas lo que dije al principio? No se trata de criticar o avergonzarte a ti mismo o a los demás. Y tampoco se trata de culpabilizar a la víctima o hacer sentir mal a los demás (o a ti mismo) por lo que manifiestas. Las personas siempre hacen lo mejor que pueden con lo que tienen a mano, y el diálogo interno positivo no es algo que se enseña en las escuelas. También podría castigarme por esto. Sin embargo, elijo seguir adelante y escalar la montaña del optimismo. Ese es el verdadero empoderamiento. Encuentra el poder que está en tu interior. Si es necesario, vuelve a leer este capítulo varias veces para que realmente lo entiendas.

Cuando estés listo, toma una hoja de papel o un diario personal y piensa en tu sueño o meta actual, algo que realmente te emocione y te haga enardecer.

Por ejemplo, digamos que tu meta es la siguiente: "ganarme la vida haciendo lo que me apasiona".

Vuelve a escribir tu meta usando la siguiente estructura:

"Yo, (tu hermoso nombre), ahora me gano la vida haciendo lo que me apasiona (¡y me encanta!)".

Si por alguna razón no puedes sentirlo y parece una meta muy lejana o sientes que, de hecho, la estás alejando, simplemente escribe lo siguiente:

"Yo, (tu hermoso nombre), estoy en proceso de lograr mi objetivo de trabajar a tiempo completo de lo que me apasiona".

Por último, vuelve a escribir tu meta en segunda y tercera persona.

"Tú, (tu hermoso nombre), ahora trabajas a tiempo completo de lo que te apasiona".

"Él/Ella, (tu hermoso nombre), ahora trabaja a tiempo completo de lo que le apasiona".

Úsalo como afirmación personal cada vez que lo necesites. Úsalo para recordar cuáles son tus metas y tus ambiciones actuales.

Ejercicio 2

Analiza tu diálogo interno. ¿Cómo te tratas a ti mismo? ¿Cómo hablas contigo mismo cuando las cosas no salen como quieres? ¿Acaso te castigas, o te dices "no te preocupes, hiciste lo mejor que pudiste con lo que tenías a tu alcance. Todo está bien en tu mundo. Eres lo suficientemente fuerte para aprender y crecer a partir de esta experiencia"?

Ejercicio 3

Escribe al menos diez cosas que ames y valores de ti mismo. De ser posible, enfócate en diferentes ámbitos de tu vida, en tus logros, tus talentos, tus habilidades y en todo lo que ames de ti mismo.

Hazte un cumplido siguiendo esta estructura:

"Tú, (tu hermoso nombre), eres muy bueno con...".

O: "me encanta cómo (tu hermoso nombre) siempre logra hacer.... (incluye actividades en las que seas bueno)".

Ejemplos:

"Tú, Elena, tienes un gran sentido del humor.

Tú, Elena, eres muy creativa.

A ti, Elena, te apasiona aprender."

Día 2: Trucos de neutralidad para encontrar la paz interior eterna

¿Cómo te sientes luego del primer día de aplicar estos ejercicios de diálogo interno súper intensos y positivos? El primer capítulo de este libro incluye mucha información sobre cómo incorporar las estructuras de diálogo interno más transformadoras a tu vida.

Estoy bastante segura de que ya habrás experimentado algunos cambios significativos. Debes estar orgulloso de ti mismo y darte una palmadita en la espalda por ello.

Ayer fue un día bastante intenso y hemos visto muchas cosas. El día de hoy será un poco más tranquilo (pero no por eso menos efectivo). Hoy descubrirás cómo minimizar la intensidad emocional del diálogo interno negativo y las palabras negativas mediante la neutralidad en lugar de la negatividad.

El problema principal del diálogo interno negativo es que reduce nuestra capacidad de ver las oportunidades que tenemos para cambiar nuestras vidas para mejor. Y mientras más nos decimos a nosotros mismos que no podemos hacer algo, más lo creemos.

Al mismo tiempo, no estamos intentando combatir a nuestro crítico interior y al diálogo interno negativo, ya que puede generar resistencia, y lo que resistimos persiste. Imagina que te digo que no pienses en monos azules; ¿qué se te viene a la mente entonces? Pues monos azules...

La lección de hoy es corta, práctica y no necesita explicaciones largas. Todo lo que tienes que hacer es seguir los pasos a continuación:

Paso 1: Ponle un nombre o un apodo a tu crítico interior

Puede ser un nombre común o puede ser algo divertido (tal vez un mono azul, si crees que quedaría bien con tu crítico interior...Ahora quedó grabado en mi mente, jaja).

La próxima vez que te descubras usando palabras negativas para hablar contigo mismo, recuerda que es solo ese mono azul que te está hablando. Sé amable con él y agradécele. Simplemente puedes decir: "gracias por todo lo que haces por mí; sé que tienes buenas intenciones, pero ahora elijo algo diferente, algo más poderoso, algo que funcione para mí y mi bienestar interior".

Paso 2: Usa frases que minimicen de a poco la negatividad

Por ejemplo, en lugar de decir: "no lo soporto", di: "es todo un desafío, pero déjame ver si encuentro al menos una cosa buena sobre esto".

En lugar de decir "lo odio", di algo como esto: "en verdad esto no es para mí, pero tal vez otras personas lo encontrarán valioso".

En lugar de decir: "esto es terrible", di: "parece que las cosas no están saliendo como lo había planeado, pero veamos qué sucede. Quizás el Universo tiene mejores planes para mí".

Piensa en al menos cinco cosas negativas que te hayas dicho a ti mismo recientemente y luego vuélvelas a escribir. ¡Este simple ejercicio te devolverá el poder!

El diálogo interno positivo es un hábito, y los músculos del espíritu pueden ejercitarse.

Paso 3: La técnica de "¿dejarías que tu mejor amigo hable así?"

La próxima vez que te descubras pensando en cosas negativas, como "soy tan tonto", "¿por qué no hice esto a tiempo?" o "seguro mi jefe piensa que soy un estúpido", imagina que tu mejor amigo habla sobre sí mismo de esa manera.

Estoy casi segura de que reaccionarías de inmediato y le dirías: "amigo, no hagas eso, no eres estúpido, ¿cómo puedes decir una cosa así? Eres una persona trabajadora y muy inteligente, y todo el mundo lo sabe. No te preocupes. Todo el mundo comete errores a veces. No seas tan perfeccionista".

La idea principal detrás de emplear la neutralidad para corregir tu diálogo interno no es ignorar la verdad o fingir que todo está bien (cuando en el fondo aún te sientes mal). Se trata de ser más comprensivo contigo mismo cada vez que cometes un error, tal como lo harías si estuvieras ayudando a un amigo, ¿verdad?

Por lo tanto, no se trata de negar que hemos cometido un error, inventar excusas o echar la culpa a los demás. Se trata de aprender de nuestros errores y no castigarnos por ellos.

Recuerda, no has fracasado. ¡Estás creciendo y preparándote para el gran espectáculo! Está bien reconocer el dolor, el rechazo, la tristeza, la ira, la culpa, y de hecho cualquier otra emoción negativa. Hazlo con amor y conciencia y agradécele a tu viejo yo por todo lo que has podido crecer.

El ejercicio final de este capítulo es que pienses en un error que hayas cometido e intentes buscar al menos cinco cosas positivas que hayas sacado de él. Somos todos humanos, y como tales cometemos errores. Algunos errores son aprendizajes, otros son bendiciones ocultas, y otros están pensados para hacernos más fuertes.

Ejemplo:

Renuncié a mi empleo para mudarme a otro país, pero al final de cuentas no fue una buena decisión.

Diálogo interno negativo: "¿por qué soy tan fracasada? ¿Por qué siempre cometo errores estúpidos y tomo decisiones sin analizar la situación del todo? ¿Quién creo que soy?".

Cinco cosas positivas respaldadas con un diálogo interno positivo:

1. Tuve la valentía de seguir mi camino, aunque no resultó ser mi destino definitivo. Al menos tuve las agallas de hacer lo que en ese momento parecía lo correcto.

2. Gracias a mudarme a otro país, aunque no fue lo que creí que sería, aprendí otro idioma y ahora lo hablo de manera bastante fluida. También estoy feliz porque conocí nuevos amigos y puedo visitarlos cuando vaya allí de vacaciones.
3. Aprendí que no debo tomar todas mis decisiones basándome en mis sentimientos y mis emociones. En cambio, tengo que lograr el equilibrio entre las emociones y la lógica. En otras palabras, debo equilibrar lo masculino con lo femenino para tomar mejores decisiones en el futuro. Aún así, me doy crédito por tener el valor de tomar una decisión tan espontánea, a pesar de que no funcionó. Me alegro de haberlo hecho ahora, mientras estoy soltera y no tengo hijos ni una familia que mantener. Debía aprender mi lección y entender que las decisiones espontáneas basadas en sentimientos fugaces no siempre traen beneficios para mi futuro.
4. Gracias a renunciar a mi empleo en ese momento, finalmente me embarqué en un camino de emprendedurismo y aprendí un montón de habilidades nuevas que ahora me hacen una persona más valiosa en el mundo laboral. Además, reforcé mi mentalidad y mejoré mis hábitos, mi ética de trabajo y mi energía.

5. Finalmente aprendí a ser humilde, a ser agradecido y a dejar de hablar a diestra y siniestra de las cosas que voy a hacer. Debido a que, después de haber renunciado a mi empleo, comencé a alardear de lo bien que me iba a ir en el extranjero y el éxito que iba a tener y que después no tuve, tuve que reevaluar mis actitudes para con los demás. Ahora ya no alardeo sobre nada, en especial sobre las cosas que todavía no han ocurrido, porque crea malas energías y no es muy agradable para con los demás.

Uno de los motivos por los cuales alardeaba es porque me sentía inseguro, así que seguramente hice sentir inseguro a alguien más. Ahora, finalmente aprendí a ser humilde y a ser yo mismo, y aprecio lo mismo en los demás.

¿Ves cómo el diálogo interno positivo puede ayudarte a cambiar tu perspectiva? Ahora, terminemos este capítulo de manera positiva. Piensa en una situación o un error similar en tu vida, luego busca al menos cinco cosas positivas sobre él y respáldalo con palabras amables y alentadoras.

Este simple ejercicio también te ayudará a cambiar la forma en la que ves y tratas a otras personas y a ser más compasivo para con los demás.

Si quieres llevar este ejercicio al siguiente nivel, compártelo con un amigo que sienta mucha culpa y ayúdalo a cambiar de perspectiva. Podemos reemplazar la culpa con el aprendizaje. La amabilidad es importante, y todo empieza siendo amables con nosotros mismos, desde el interior. Después de todo, eso es lo que manifestamos. Manifestamos lo que está en nuestro interior. Si estás en un proceso de desarrollo espiritual y buscas la paz interior, asegúrate de volver a este breve capítulo cada vez que lo necesites. Mientras más lo leas y más lo incorpores a diferentes situaciones o a lo que consideras "errores" o "fracasos" en tu vida (o en las vidas de los demás, si sientes lástima por ellos y quieres ayudarlos), más paz y crecimiento personal encontrarás.

Tú no fracasas. ¡Tienes éxito, o aprendes!

Día 3: El éxito comienza en tu mente, pero ¿cómo lo expresas?

Cuando comencé en el camino de la escritura, ganaba un sueldo pobre y no vivía en un buen barrio. Todo el mundo me decía que estaba loca y que nunca lo lograría. Algunas personas decían que me faltaba disciplina, otras decían que me daría por vencida y otras decían que no tenía la creatividad o la experiencia suficientes.

Sin embargo, sucedía lo siguiente: gracias a todo el trabajo interno que había hecho antes de comenzar con mi proceso, y también gracias a muchos increíbles autores, *coaches* y otros expertos de la mente que me ayudaron a sanar mi mentalidad y mis emociones, ya sabía tres cosas:

1. La mayoría de las personas que criticaban mis esfuerzos trataban de protegerme del fracaso y de la decepción, y a pesar de que parecían pesimistas, tenían buenas intenciones.
2. Algunas de esas personas simplemente proyectaban sus propias inseguridades, al igual que sus fracasos

del pasado, sus traumas sin procesar y sus decepciones.

3. Algunas solo hablaban sin tener demasiada idea de lo que yo hacía.

Lo gracioso es que hace poco me descubrí haciendo, de hecho, esto mismo. Uno de mis amigos había pasado bastante tiempo estudiando sobre inversiones y *trading* y ahora estaba listo para meterse de lleno en eso. Comencé a decirle que era demasiado riesgoso y que debería alejarse de "todas esas cosas".

Y él me preguntó: "pero, Elena, ¿acaso sabes algo de *trading* o de inversiones? ¿Alguna vez lo has hecho? Sí, obviamente tiene sus riesgos. Lo he investigado muy bien. Sé cómo piensan los mejores inversores. Sé que solo puedo invertir lo que me puedo permitir perder y que nunca debo invertir todos mis ahorros por esperar un milagro de la noche a la mañana. No me estoy metiendo en ninguna estafa de "hágase rico ya mismo". Y sé que este negocio tiene sus riesgos. Quiero decir, tú lo sabes. Tú eres emprendedora. Además, sabes que nunca me involucraría en cosas sin investigarlas bien, que estoy a favor de la diversificación y que tengo mentores en los que puedo confiar. Sin embargo, aprecio que te preocupes por mí. ¡Sé que tienes buenas intenciones!".

Esta respuesta me puso en mi lugar (de forma amable y amorosa, por supuesto). Y esta situación también me enseñó sobre la seguridad e hizo que me pregunte a mí misma: ¿cuánta fe tengo en mí misma y en los demás?

Creo que existe una conexión entre cómo hablamos con los demás y cómo hablamos con nosotros mismos. También hay una conexión entre cómo los demás nos hablan y cómo hablamos con nosotros mismos. Sin importar cuál sea la situación, parece que al final todo vuelve a nosotros, la forma en que nos tratamos y hablamos con nosotros mismos.

Yo no soy una santa. A pesar de que he trabajado mucho en mí misma, es un trabajo que siempre está en proceso. Por lo tanto, cada vez que me descubro pensando o diciendo cosas negativas, dudosas o críticas sobre los demás, me pregunto de inmediato: "mmm...Elena, ¿qué dice esto sobre tu diálogo interno? ¿Qué tipo de dudas tienes dentro de ti?".

Ahora, de vuelta a mi proceso de escritura y eso... rápidamente me di cuenta de que no podía controlar lo que los demás pensaban o decían. No quería involucrarme tampoco en la energía de "¡ya lo verán, voy a ser la mejor de las mejores solo para demostrarles que se equivocan!".

(Bueno, al principio puede funcionar como un factor motivacional para ciertas personas, pero actuar desde la energía de "debo demostrarles que se equivocan" nunca funcionó para mí a la larga).

Entonces, hice una promesa conmigo misma y con mi diálogo interno. Me involucré en conversaciones amables y amorosas con lo más profundo de mi mente.

Tenía una confianza ciega en mí misma y en mi proceso, y eso alimentaba mi escritura. Recuerdo que había tantas personas que me decían que no lo lograría, pero como estaba tan inmersa en mi misión y en mi proceso, sabía en cada célula de mi cuerpo que solo era una cuestión de trabajo, constancia y concentración.

En mi mente, mi idea era poner un pie delante del otro y simplemente seguir adelante. Cada día me miraba al espejo y me felicitaba por los pasos que había dado. Rápidamente se convirtió en un hábito. Cada vez que me miraba al espejo, me maquillaba o peinaba, comenzaba a hablarme a mí misma de forma automática. Me decía: "te amo, pase lo que pase". También seguía diciéndome lo buena escritora que era. Aunque en un principio no tenía mucho éxito como para demostrarlo, rápidamente me di cuenta de que la forma en que otras personas me percibían y me trataban pronto comenzó a cambiar. Recuerdo que un familiar que solía llamarme perezosa y desorganizada me llamó de la nada una vez y me dijo: "guau, ¡lo que haces es muy inspirador! ¡Eres una máquina de escribir! ¡Creo que yo también voy a empezar a escribir mi propio libro! Le demostraste a todo el mundo que todo es posible con trabajo duro y consistencia. Solía decir cosas feas sobre ti, pero ¿adivina qué? Estaba equivocado. Era muy pesimista. Me has inspirado a ser más optimista, pues parece que no hay forma de equivocarse así. Sé que estoy listo para cambiar mi vida. Estoy muy emocionado, ¡gracias!".

En ese entonces, también comencé a trabajar con el espejo de manera intuitiva, ¡incluso sin saber de qué se trataba! Solo lo investigué más adelante, cuando estudiaba a Louise Hay y a sus libros. Hablar conmigo misma usando palabras amables, mirarme al espejo y decir: "¡lo estás haciendo increíble!" me ayudó tanto, por más simple que parezca.

Me tomó un tiempo descubrir esta sencilla fórmula:

- *Descubre quién eres y lo que en verdad quieres.*
- *Defínelo y sé amable contigo mismo.*
- *Cree en ello al cien por ciento y aprópiate de ello.*

- *Piensa y actúa como si ya fueras esa persona.*
- *No esperes la aprobación de nadie ni tampoco la busques. Apruébate a ti mismo y ajusta de manera acorde tu mundo interno.*

Habla contigo mismo como si fueras tu propio *coach* y mentor; ¡es la mejor forma de seguir adelante cada día! Tarde o temprano, otras personas comenzarán a percibirte como un líder, una persona magnética, inteligente y única.

En otras palabras, lo que sea que hayas creado dentro de ti, y cualesquiera sean las palabras amables y amorosas que te hayas dicho a ti mismo (¡trabajar con el espejo te ayudará muchísimo!), quienes te rodean tarde o temprano lo entenderán.

Dejé de buscar la aprobación y la validación externa; me aprobé y me validé a mí misma. Con el tiempo, mi realidad comenzó a reflejar mi actitud, e incluso las personas que me criticaban constantemente de repente comenzaron a tratarme de forma más amable.

Puedes usar esta técnica de diálogo interno en cualquier ámbito de tu vida. Si quieres crear una imagen de ti mismo como alguien que disfruta comer comida sana y ejercitar y te consideras como tal, tendrás éxito en tu proceso de pérdida de peso incluso antes de comenzar con tu nuevo proceso.

Sé el primero en reconocer tus logros. Y ponte del lado de tu subconsciente con esta estructura: "lo estamos haciendo genial, somos un equipo, trabajamos juntos, juntos somos invencibles. Trabajar en equipo es bueno para los dos".

Cualquiera sea la meta que establezcas para ti mismo, podrás lograrla; pero primero, asegúrate de que tu diálogo interno apoye a tu verdadera confianza y que todo se alinee.

Tu ejercicio de hoy:

- Toma una hoja de papel o un diario personal y escribe al menos diez cosas buenas que puedas decirte a ti mismo; sé tu propio animador, apoya tus metas actuales. Cada vez que te mires al espejo, mírate a los ojos, sonríe y di: "¡te amo, pase lo que pase!".
- Luego, dite a ti mismo lo bueno que ya eres en lo que sea en lo que estés trabajando. Reconoce cada pequeño paso que des. Por ejemplo, alégrate y agradece por haber llamado a ese cliente potencial, por haber escrito el resumen de tu próximo libro o por haber creado un video para tu sitio web.

¡Son los pequeños pasos los que llevan a resultados significativos!

Por desgracia, el diálogo interno negativo está concebido para hacernos sentir mal por no avanzar lo suficientemente rápido o por no ser lo suficientemente buenos. Ahora piensa qué ocurriría si hiciéramos todo al revés. Seríamos imparables y mucho más atentos con los demás.

Ejercicios extra:

Si tienes más tiempo para ahondar en el tema, te recomiendo ampliamente comenzar a reflexionar sobre cómo respondes a los demás con respecto a sus metas y ambiciones.

¿Los apoyaste? ¿Tuviste una actitud negativa, cínica o sobreprotectora?

Si descubres algún patrón negativo, pregúntate si alguna vez te has descubierto usando este tipo de patrones al hablar contigo mismo.

Si es así, comienza a reescribirlos. Recuerda que no se trata de ser demasiado optimista o de practicar la denominada "positividad tóxica" mientras metes tu cabeza en un hoyo. Como ya hemos mencionado en este libro, todos cometemos errores. En ocasiones, nos sentimos pesimistas solo porque hace falta un determinado grado de negatividad para empujarnos a lograr un cambio positivo o a aprender, crecer y apreciar lo positivo.

Es como llevar una dieta saludable y comer una pizza de vez en cuando; no es tan malo.

El problema es cuando comemos pizza o comida rápida todos los días y eso comienza a definirnos. Bueno, lo mismo ocurre con la plática negativa hacia nosotros mismos y los demás.

En mi opinión, si alguna vez te descubres pensando o diciendo cosas negativas sobre los demás, eso indica que todavía guardas eso en tu interior y lo usas en tu contra. Si es así, no te castigues por ello. En cambio, agradece y úsalo como catalizador o como algo que te otorgue un *feedback* e información sobre ti mismo, para aprender y crecer.

Ya que estás leyendo libros como este, y estoy bastante segura de que has leído muchos otros libros de personas muchísimo más exitosas que yo, sé que valoras tu crecimiento personal y que siempre estás en búsqueda de nueva información y técnicas para crear una mejor versión de ti mismo.

Bueno, la forma en que tratas a los demás siempre regresa a cómo te tratas a ti mismo. Y la forma en la que te tratas suma a tu vibración y a las señales que envías al Universo.

La forma en la que te tratas lleva a una serie de acciones específicas que pueden acercarte o alejarte de tus metas. Si sigues diciéndote que nunca lo lograrás, existe la posibilidad de que ni siquiera hagas el intento de aumentar tus probabilidades de tener éxito.

Ahora, cada vez que recuerdes una situación en la que no fuiste amable con alguien o no lo apoyaste, no te castigues por ello. Simplemente reescríbela en un trozo de papel y en tu mente. Si puedes, hasta podrías pedirle disculpas a esa persona e implorar su perdón. Estoy segura de que lo apreciará.

Sí, sé que este ejercicio no es fácil y no todo el mundo está listo para hacerlo. Pero confía en mí, es muy liberador.

- Finalmente, el último ejercicio de hoy es pensar en todas las cosas negativas que los demás han dicho sobre ti; por ejemplo, que no tenías talento, que no tenías lo que hace falta, etcétera. Reescríbelas de manera positiva. Usa la neutralidad de ser necesario. Por ejemplo:

Alguien dijo: "Eres perezoso y jamás lo lograrás".

Puedes reescribirlo y decirte a ti mismo: "A pesar de que a veces me salgo del camino, aún creo que puedo lograrlo, porque me apasiona mucho lo que hago y mientras más lo hago, más disciplina tengo".

Puedes recordar situaciones y experiencias del pasado en las cuales hayas demostrado tener paciencia y disciplina. Usa siempre tu cerebro para buscar evidencia positiva y respáldala con un diálogo interno positivo.

- Perdona a quienes hayan dicho cosas terribles sobre ti. Lo sé, es más fácil decirlo que hacerlo; así que si no estás listo, tómalo como si fuera un ejercicio adicional y vuelve a él cada vez que lo necesites. Puede tomarte algo de tiempo, pero por algo hay que empezar. Para algunos de mis lectores, este será el primer paso: entender la importancia de perdonarse a uno mismo y a los demás y crear distintos grados de conciencia alrededor de esta idea.

El primer paso es dejar todo por escrito y seguir preguntándote a ti mismo si realmente estás listo para soltar y de qué manera cambiaría tu vida si simplemente pudieras soltar.

La compasión te será de gran ayuda. ¿Cuántas veces te has descubierto diciendo cosas negativas (de forma intencional o no) solo porque has tenido un mal día? Todos somos humanos y cometemos errores.

Durante la etapa de perdón, puedes imaginar que las personas que te han herido con sus palabras ahora se disculpan contigo y tienen cosas buenas y alentadoras para decirte. ¡Asegúrate de incorporarlas para personalizar tu trabajo con el espejo!

Al hablar contigo mismo en el espejo, acepta la experimentación consciente. Lo único que debes tener en cuenta es usar palabras positivas y poderosas. Habla contigo mismo en segunda persona del singular, por ejemplo: "lo estás haciendo genial", al igual que en la primera persona del plural, por ejemplo: "lo estamos haciendo genial".

La segunda opción te ayuda a inculcar la nueva creencia positiva de que tú y tu hermoso subconsciente son un equipo y que ambos trabajan en conjunto. Esta técnica por sí sola no tiene precio, solo si recuerdas aplicarla con frecuencia (al menos una vez al día). En mi caso, hago mi propia versión del trabajo con el espejo cada vez que puedo, es decir, cada vez que me paro frente a un espejo. Todo lo que puedo decirte es lo siguiente: ojalá lo hubiera aprendido antes. En mi experiencia, la paz interior y la bondad que he logrado con esta técnica es el mejor regalo que podría haberme hecho a mí misma. ¡Solo deseo que todas las personas de este planeta puedan sentir tanta felicidad y paz interior!

Día 4: El valor de estar contigo mismo sin tener que cambiar

¿Alguna vez has experimentado el poder de desconectarte de todo y de todos solo para estar contigo mismo? Es emocionante y atemorizante al mismo tiempo. Es como irte de vacaciones contigo mismo con la intención de desconectarte de la sociedad y de las redes sociales.

Algunas personas pensarán: "debe ser tan aburrido. ¿Qué sentido tiene, si puedo irme de vacaciones con un ser querido y la pasaré mucho mejor?".

Sí, irse de vacaciones con seres queridos es divertido y existe un tiempo para todo, pero también es necesario estar con uno mismo, sobre todo cuando se trata de sintonizar tus diálogos internos. Además, cuando estás a solas, tienes la ventaja de ahorrar energía tan preciada y usarla para obtener respuestas a tus preguntas. Las respuestas están dentro de ti. Solo se trata de sintonizarlas.

Imagina que te diriges a un lugar alejado de la civilización y lo único que puedes hacer es meditar, leer, escribir o caminar en medio de la naturaleza. Esto es exactamente lo que hice durante unos días y fue una de las mejores decisiones que he tomado en la vida. En esos días, leí los libros del doctor Joe Dispenza, y recuerdo haberme topado con un dato interesante (el cual voy a parafrasear aquí): como seres humanos, nos volvemos adictos a las emociones negativas.

Eso realmente me puso a pensar en mis propias adicciones dañinas, una de las cuales era hablar conmigo misma usando frases negativas. Sí, era adicta a todos esos rituales, y mis acciones, mis pensamientos y mi comportamiento se alineaban con esa adicción.

También me di cuenta de que, al estar sola y permitirme unos días de simpleza, alcancé unos niveles de energía positiva y creativa increíbles. También sentí mucha emoción al saber que estar conmigo misma y sin distracciones, me daba una dicha increíble.

Muchas veces, la plática interna negativa proviene de rechazar una vida simple y estar buscando siempre lo nuevo en vez de simplificar nuestras vidas. Por ejemplo, solía estar involucrada en esa carrera de locos, siempre buscaba lo nuevo y pasar al siguiente nivel. Terminé agotada, y pensé que renunciar a mi empleo y convertirme en emprendedora me ayudaría a olvidar esta locura de una vez por todas. Por desgracia, repetí el mismo patrón en mi vida de emprendedora, así como tantas otras personas. Seguía huyendo de algo, pero ese algo aún estaba dentro de mí, así que seguía manifestando el mismo patrón, sin importar qué hacía con mi vida y sin importar en dónde vivía.

¿Por qué? Existen infinitas tentaciones. Tantas cosas que hacer, tantos libros que leer, tantos temas para aprender. Y sí, estoy a favor de leer, invertir en uno mismo y crecer.

Sin embargo, desde el momento que empezamos a hacerlo desde un lugar de búsqueda, comenzamos a perder la paz interior. Y de pronto, esa plática interna negativa aparece: "Dios mío, qué fracasado que soy. En esta etapa de mi proceso, ya debería saber esto y debería estar ganando esta cantidad de dinero. Otros lo logran; otros tienen más éxito. Algo debe estar mal conmigo".

El diálogo interno negativo nos mete en un camino sin fin de buscar lo que no funciona y quedar atrapados en un ciclo de negatividad infinito. Entonces, de nuevo volvemos a preguntarnos: ¿qué tenemos que hacer ahora? ¿Qué es lo que sigue en nuestra lista?

No existe un mejor "lo que sigue". Lo mejor que sigue es trabajar en tu interior; date un poco de tiempo para ti. En vez de distraerte con más cosas que hacer, terminar sintiendo ansiedad y castigarte por no saber qué hacer, puedes reemplazar las distracciones con un trabajo interno.

El mundo exterior puede contribuir a querer desear más y más mientras persigues más y más y quedar atrapados en esta energía de búsqueda. Y luego nuestro diálogo interno toma la ruta de la derrota: "todavía no soy lo suficientemente bueno; ¿por qué me está tomando tanto tiempo?". Sintonizarte con tu interior sumará a crear intenciones más fuertes y una paz interior respaldada por un diálogo interno positivo y poderoso.

Para lograr tus metas, tu mente y tu corazón deben ser uno. Esto solo es posible cuando estás en paz contigo mismo y puedes experimentar armonía en tu interior.

Ya tienes poderes fantásticos. Sin embargo, tienes que usarlos correctamente. Si sigues viviendo rodeado de distracciones todo el tiempo, agotarás tus propias habilidades.

(Digo esto todo el tiempo ya que, en estas épocas, distraerse es completamente normal y no podemos huir de ello al ciento por ciento, a menos que queramos volvernos monjes y vivir en la cima de una montaña, lo cual, imagino; la mayoría no puede hacer).

Perseguir, quedar atrapado en querer y luchar significa que estás muy obsesionado con tus metas, pero a la vez te estás distanciando de ellas. Esto ocurre principalmente cuando tu diálogo interno negativo trabaja en equipo con la Señorita Impaciencia. Antes de que te des cuenta, ambos aparecen de repente: "¿por qué toma tanto tiempo? ¡A estas alturas ya debería haberlo logrado!".

Sin embargo, al permitirte estar contigo mismo, puedes sentir paz y calma en tu interior y soltar de manera genuina.

Puedes meterte de lleno en la gratitud y reflexionar sobre lo lejos que has llegado en este camino y lo mucho que has aprendido. Cuando lo haces, algo increíble ocurre: empiezas a soltar. Y cuando sueltas, ya no sientes necesidad y estrés. Comienzas a sentirte bien. Y cuando te sientes bien, atraes más y más cosas buenas a tu vida.

En fin, este es tu ejercicio de hoy. Entiendo, por supuesto, que no todo el mundo puede irse solo de vacaciones a un lugar alejado durante unos días. Y eso está perfectamente bien. Puedes tenerlo en cuenta y experimentar con ello cada vez que puedas. Por ahora, pregúntate si puedes hacer una versión resumida de "desconectarse de todo".

¿Puedes tomarte un domingo libre? Puedes apagar tu teléfono e ir a hacer senderismo o a un parque local por tu cuenta. Quizás puedes despertarte más temprano y meditar en silencio. Haz lo que quieras hacer; pero confía en mí: mientras más temprano disfrutes la experiencia de desconectarte del mundo para conectarte contigo mismo, atraerás más transformaciones increíbles.

Mientras más conectes con tu interior, más respuestas increíbles descubrirás.

Día 5: Hazte amigo de tu subconsciente y libera los patrones negativos

Este capítulo te ayudará a liberar tus patrones negativos (como pensar demasiado, dejar las cosas para después y ser pesimista contigo mismo o con los demás). Al llegar a la raíz del problema, cuidar de tu diálogo interno será mucho más sencillo. Descubrirás cómo controlar tu mente y desapegarte de tus viejos hábitos. Finalmente, crearás un espacio de poder y paz entre ti y tus pensamientos, a medida que dejas ir los patrones negativos.

Antes de aprender cómo controlar tu mente, debes entender su funcionamiento y cuáles pueden ser tus problemas.

Puedes estar experimentando los mismos patrones negativos que siguen apareciendo, y por lo tanto sentir que no estás logrando nada.

Nuestros viejos patrones no solo afloran en situaciones, también configuran hábitos compulsivos, emociones negativas y procrastinación. Simplemente ocurren y no sabes el por qué de ello. Todo lo que sabes es que comienzas a castigarte y decir cosas negativas. De repente tu plática negativa interna abre una botella de champaña y no deja de festejar a costa tuya. La paz mental parece algo inalcanzable en este punto.

Es como quedarse dormido sin querer y tener el mismo sueño una y otra vez. Luego los mismos sentimientos aparecen y no te sientes bien contigo mismo.

Es similar a un efecto dominó negativo: algo empieza a nivel micro, y lo practicamos de manera inconsciente tantas veces que le permitimos crecer.

Algunas personas se sienten atrapadas en su trabajo. Ya sea porque sueñan con ganar más dinero o comenzar un nuevo empleo, se sienten atrapadas en su vieja identidad y en sus patrones negativos.

Como resultado, el patrón de "no puedo hacerlo porque soy esto y aquello" comienza a invadir su diálogo interno.

"No puedo conseguir un ascenso porque soy demasiado joven, demasiado viejo o no tengo la experiencia suficiente".

Todas estas parecen ser excusas válidas, porque de verdad creemos que somos de una cierta manera. Creemos que todo ya es como es y no podemos cambiarlo, al menos no ahora. Entonces, quedamos estancados en la energía del querer y de "no ser capaces por ahora". Seguimos alejándonos de nuestras metas y deseos verdaderos y experimentamos emociones negativas porque ni siquiera intentamos cambiar la situación. La negatividad crea aún más negatividad y quedamos atrapados en un círculo vicioso.

He hablado con muchas personas competentes para que cambien su situación, porque poseen habilidades, talentos y caracteres increíbles. Sin embargo, siempre era imposible alentarlos a hacer algo respecto a la creación de su realidad personal. Su diálogo interno se había vuelto tan dañino durante tanto tiempo que prácticamente se convencieron de que no son capaces de cumplir sus metas.

La parte emocionante es que nuestras mentes funcionan como motores de búsqueda. Si comienzas a buscar pruebas de por qué algo no es posible para ti, las encontrarás. Luego puedes seguir hablando de ello contigo mismo y con los demás y crear tu realidad basándote en por qué no puedes hacer algo y por qué todo siempre sale terrible. Pero lo bueno es que el mismo proceso también funciona del modo contrario; puedes comenzar a hacerte preguntas súper poderosas y positivas que te guiarán hacia el siguiente nivel de éxito. Incluso si el proceso de acercarte a tus sueños es largo y complicado, aún así sigues adelante y celebras cada logro en el proceso. Siempre hay una forma de salir de la negatividad.

Se trata de entender cómo manejamos las diferentes emociones y por qué quedamos atrapados en un círculo vicioso negativo.

Según el doctor David R. Hawkins existen diferentes etapas en el proceso de emociones negativas: reprimir, suprimir, expresar y dejar ir. Si quieres aprender más de este sistema, te recomiendo ampliamente su libro *Dejar ir: El camino de la liberación* [*Letting Go: The Pathway of Surrender*].

Inspirándome en el trabajo del doctor Hawkins, la siguiente es mi interpretación de las diferentes etapas al momento de procesar nuestras emociones, dentro del contexto de aprender a mejorar nuestro diálogo interno.

1. Represión: Al principio esto puede parecer lo más sencillo, pero lamentablemente puede influenciar nuestras vidas de forma negativa. Por ejemplo, ocurre algo traumático y una persona no puede lidiar con ello, por lo

que reprime el evento de manera inconsciente. Lo entierra en el fondo de su alma y ni siquiera lo evoca. Este mecanismo explica por qué nos aferramos inconscientemente a los viejos traumas que todavía nos persiguen. Aún así, no sabemos por qué seguimos atrayendo los mismos patrones, pues ni siquiera podemos recordar qué los ocasionó en primer lugar. En este caso, la terapia profesional puede ser de gran ayuda para ahondar en estos temas, enfrentar el pasado y sanar.

2. La supresión es similar a la represión, pero tiene lugar en un nivel más consciente. Digamos que algo malo ocurre y no quieres lidiar con ello. Tal vez te encuentras en una situación de estrés o estás muy ocupado, así que te pones en modo combativo e intentas salvarte a ti mismo.

Experimentas una sensación de dolor, pero escoges distracciones como comer, beber, fumar, apostar, trabajar o lo que sea que te ayude a no pensar ni sentir. Otras formas de escape pueden ser las redes sociales, la televisión o los videojuegos. Diferentes personas tienen diferentes mecanismos de escape. En mi caso, solía beber, ir a fiestas, trabajar de más o usar las redes. A veces todavía me descubro trabajando de más, y de pronto me digo: "espera, ¿por qué crees que deberías trabajar más hoy? ¿De qué estás huyendo?".

Trabajar de más se ve bastante inocente al principio, pues pensamos que estamos siendo productivos. Sin embargo, como con todas las cosas de la vida, el equilibrio es esencial, y trabajar de más como un mecanismo de escape puede ser muy perjudicial para nuestra salud física y mental.

3. La expresión es cuando comenzamos a quejarnos, cotillear, despreciar o desquitar la ira y las emociones negativas que sentimos contra alguien más.

Incluso podemos llegar a pensar que dejar salir esas emociones es bueno para nosotros, pero la trampa es que no las dejamos salir del todo. Solo las expresamos y seguramente las amplificamos. ¡Es como tirarle gasolina al fuego!

La negatividad expresada siempre regresa a nosotros de todas maneras. ¿Recuerdas cuando analizamos cómo dirigirse de manera negativa a los demás se refleja siempre en nuestros propios diálogos internos? ¿O por qué las personas que no son amables contigo probablemente no son tan amables y compasivas consigo mismas?

Por lo tanto, expresar tus sentimientos de manera tal que lastima a los demás siempre vuelve a nosotros. Llamémoslo karma, consecuencias o circunstancias desfavorables. Sin embargo, lo bueno es que, al saber lo que ahora sabes, puedes ser tu propio detective y usar esas situaciones para aprender de ellas. Puedes analizar tu propia plática y tu diálogo interno negativos, ver cuáles son los desencadenantes y por qué ocurre. Tarde o temprano, comenzarás a notar muchos patrones emocionantes, de los cuales podrás aprender y mejorar tu vida.

Me gustaría decir además que la expresión no es siempre mala o negativa. Por ejemplo, puedes elegir expresar tus sentimientos con un buen amigo, un sanador, un terapeuta o un *coach*, alguien que pueda ayudarte. En ese caso, tu intención es positiva. Dejas salir todo porque buscas una guía y deseas sanar. Sabes que es demasiado para procesar por tu cuenta y decides confiar en un experto que pueda ayudarte analizando tus patrones negativos internos y externos.

4. Liberar y dejar ir significa aceptar y permitir lo que sea que esté ocurriendo. Es como observar en vez de participar.

El liberar es mucho más poderoso que escapar cuando suprimimos, expresamos y nos comportamos de manera negativa con los demás o irradiamos mala energía (no estoy juzgando, ¡lo he hecho tantas veces!). Liberar es lo más poderoso, pues está alimentado por el amor, no por las intenciones basadas en el miedo.

Sin embargo, es más fácil decirlo que hacerlo. Muchas personas entienden el concepto y comienzan a centrarse en sus pensamientos; los pensamientos pueden liberar diferentes desencadenantes en diferentes personas.

Por ejemplo, el pensamiento "voy a perder mi empleo" puede generar ansiedad y estrés en algunas personas. Sin embargo, otras podrían elegir pensar: "bueno, aún si pierdo mi empleo, ¡encontraré otro mejor! Sé que todo sucede como tiene que suceder, para servirme a mí y a mi propósito superior".

Es fundamental que comencemos a practicar ser honestos con nosotros mismos. Analiza tus pensamientos y concéntrate en los sentimientos asociados con ellos, no en los pensamientos en sí mismos. Un pensamiento es solo eso, y la verdad es que no significa nada por sí solo.

Simplemente libera el sentimiento que se oculta detrás de tu pensamiento y abórdalo desde un lugar de curiosa neutralidad, como ya hemos visto en los capítulos anteriores.

La observación y la aceptación son las mejores formas de resolver los viejos patrones negativos.

Digamos que algo sucede en tu trabajo o negocio y comienzas a sentir miedo, ansiedad, culpa y fracaso.

Ahora debes tomar una decisión: cómo responderás o reaccionarás ante ello.

¿Vas a responder de manera negativa? ¿O de manera positiva, creyendo en verdad que todo sucederá para tu bien?

Solemos quedar atrapados en una dualidad de "esto es bueno o malo", y seguimos poniéndole etiquetas a todo mientras reaccionamos con un diálogo interno negativo. En ocasiones nos obsesionamos demasiado con los resultados. Literalmente luchamos por ellos o "intentamos actuar de manera positiva" pues tenemos miedo de que algo terrible ocurra (así que en el fondo seguimos siendo negativos en nuestro interior, porque es una emoción basada en el miedo que nos hace "intentar ser positivos").

Toma todo como neutral y como otra experiencia de la vida. Todo es parte de la vida y estamos en este mundo para experimentar los contrastes. Sin duda, este es uno de los niveles de paz interior más elevados que podemos alcanzar.

Obsesionarse demasiado con lo que etiquetamos (por lo general con nuestra limitada conciencia) como "cosas buenas" nos puede hacer perder la paz interior y perder otras oportunidades que podrían funcionar mejor para nosotros a largo plazo. Nos encanta obsesionarnos con las cosas. Nos encanta asumir que siempre serán así. Aún así, a menudo no somos capaces de reconocer que, en ocasiones, a la vida le gusta ponernos a prueba o medir nuestros logros con otros eventos, los cuales en un principio parecen "fracasos", pero son necesarios para crecer y practicar para el gran espectáculo.

En mi caso, el crecimiento más significativo en la vida y en los negocios fue gracias a la adversidad. Aunque ahora, si pienso en lo que en ese momento eran "adversidades" para mí, hoy en día las llamaría bendiciones, pues me ayudaron a formar mi carácter y mis habilidades.

Lo que en verdad importa es el camino. Hace poco hablaba con alguien que logró tener mucho éxito. Él me confesó que en realidad comenzó a sentir más miedo e inseguridad después de su primer gran éxito en los negocios que cuando empezó.

Verás, cuando él apenas comenzó, no tenía demasiado para perder. Sin embargo, luego de alcanzar el éxito, comenzó a sentir muchísimo miedo: "¿y si lo pierdo todo y tengo que empezar de cero?". Entonces, siguió trabajando cada vez más, lo cual repercutió en su salud y en sus relaciones.

Fue solo después de darse cuenta de que tenía que dejar ir el apego a los logros y a las posesiones materiales cuando finalmente pudo sentir paz interior, acompañada de más logros increíbles.

Entonces, su nuevo mantra es: "nadie puede quitarme lo que está en mi interior y lo que he aprendido en el proceso de alcanzar el éxito".

En otras palabras, él sabe que, incluso si lo pierde todo, puede volver a levantarse rápidamente, apoyándose en las habilidades prácticas y mentales que ha adquirido a lo largo del proceso. Ese simple cambio en la forma en la que hablaba consigo mismo, y el dejar ir las viejas emociones negativas, reprimidas y suprimidas de "querer demostrarle algo a los demás" le dieron la paz mental que estaba buscando. Ahora hace crecer sus proyectos porque éstos le proporcionan alegría. Él ya no actúa desde el miedo de "perderlo todo" o de "seguir sintiéndose un don nadie".

En mi opinión, creo que el éxito sin paz interior no es éxito, sino una carrera de locos. Y sí, yo también he pasado por ello.

Aceptar lo que puede suceder y cultivar la paz mental al mismo tiempo es lo mejor que puedes hacer para manifestar la realidad de tus sueños y a la vez mantenerte firme.

Ejercicio 1

Comienza a practicar el arte de aceptar y dejar ir. Crea afirmaciones poderosas usando la siguiente estructura:

"A pesar de que (incluye la situación o circunstancia que puede parecer negativa), elijo amarme y aceptarme a mí mismo".

Por ejemplo: "A pesar de que no logré obtener ese ascenso en el trabajo, elijo amarme y aceptarme a mí mismo de manera incondicional".

O: "A pesar de que mi libro no es uno de los más vendidos, elijo amarme y aceptarme a mí mismo de manera incondicional".

Ejercicio 2

Encuentra tantas cosas positivas y lecciones aprendidas como sea posible.

Por ejemplo: "A pesar de que no logré obtener ese ascenso en el trabajo, elijo amarme y aceptarme a mí mismo de manera incondicional. De todos modos, estoy profundamente agradecido por atreverme a salir de mi zona de confort e intentarlo. Aprendí mucho de la compañía para la que trabajo, y sé que seguiré adelante. Además, quizás el Universo considera que no es el mejor momento para que me den un ascenso. Todo está bien en mi mundo, y todo sucede como tiene que suceder".

O: "A pesar de que mi libro no es uno de los más vendidos, elijo amarme y aceptarme a mí mismo de forma incondicional. Y está bien si no es un *best seller*. Lo más importante es seguir aprendiendo, escribiendo y sirviendo a mis lectores de la mejor manera. Confío en mí mismo y confío en el Universo. Todo está bien en mi mundo, y todo sucede como tiene que suceder".

Recuerda: solo estás practicando para el gran espectáculo. Y, con el tiempo, manifiestas siempre lo que practicas, tanto de manera interna (con trabajo interno, diálogo positivo o visualización) como externa (con acciones que realizas para acercarte a tus metas).

Recuerda que tienes el poder de reaccionar a todo, lo cual es increíble. Ante lo que sea que ocurra, podrás controlar tus reacciones, incluso si no tienes control sobre la situación. Sí, sé que puede ser difícil al principio. Hace falta mucha práctica y perseverancia, pero es posible. Si quieres cambiar lo que refleja el espejo, primero tienes que cambiar la imagen. La mejor forma de cambiar la imagen es abandonar la idea de querer cambiarla desesperadamente y tratarla con amabilidad y respeto.

3. Escribe todo lo que te moleste en el momento y toma la decisión consciente de elegir y escribir una respuesta positiva.

Tus pequeñas acciones, tus pensamientos y lo que ves a través de tus ojos crea un efecto dominó que suma a la creación de tu realidad personal.

Día 6: Errores de la afirmación a evitar y secretos para manifestar la realidad de tus sueños con afirmaciones personalizadas

En este capítulo hablaremos de crear afirmaciones personalizadas eficaces y evitar los errores más comunes de la afirmación para ayudarte a ahorrar tiempo y energía.

En general, las afirmaciones son declaraciones positivas que se usan para ayudarte a concentrarte en lo que deseas y liberar las posibilidades y los resultados positivos para tu vida.

Sin embargo, seguir esta simple definición sin ahondar más en el tema, puede hacer que quedes atrapado. Por ejemplo, quizá sientas la tentación de escoger afirmaciones al azar, basándote en el hecho de que fueron creadas como declaraciones positivas, y creyendo que con eso ya estás hecho.

Y sí, en algunos casos puede funcionar. Por ejemplo, quizá buscando afirmaciones positivas en libros, blogs o videos, encuentras algunas que te gusten, te quedas con ellas y logras tus objetivos. Sin embargo, por más triste que parezca, la mayoría de las personas nunca alcanzan el éxito con este método. Por supuesto que escuchar cosas positivas siempre es mejor que escuchar cosas negativas o derivadas del miedo. Por lo tanto, seguir adelante siempre representará un paso adelante para ayudarte a ti mismo a sentirte mejor, a medida que ingresas en una vibración más positiva.

Sin embargo, si tu objetivo es emplear afirmaciones para acercarte a tus metas y crear la realidad de tus sueños, te recomiendo ampliamente que ahondes más en el tema, ¡y el desafío de hoy es ideal para eso! La buena noticia es que después del trabajo interno que has hecho con este libro, ¡hasta lo que parece todo un desafío para la mayoría será pan comido para ti!

Mi definición personal de las afirmaciones es que son herramientas muy efectivas para ayudarnos a alinearnos y ser más resilientes al desatar un enfoque positivo. Pero como con cualquier otra cosa en la vida, deben usarse de forma correcta. En este caso, cuando digo "correcta" me refiero a "según tus deseos y circunstancias específicos".

Por ejemplo, lo que para mí parece la afirmación adecuada puede no serlo para otra persona.

Así que si alguna vez te sientes frustrado y piensas "no funciona para mí. Algo debe estar mal conmigo; quizás estoy lleno de malas energías y quién sabe qué", no te preocupes, no hay nada de malo contigo. Al igual que muchas otras personas, puedes estar tentado a escoger afirmaciones al azar que quizás funcionaron para otras personas, pero no para ti. Esto se debe a que esas afirmaciones no fueron alineadas para ti y para tu energía en particular.

Ya sabes que tienes que elegir tus palabras con mucho cuidado. Escribo sobre esto en el último capítulo de esta publicación porque sé que dominar los primeros pasos descritos en este libro es esencial para tener éxito con tus afirmaciones personales.

Por ejemplo, a la hora de crear tus afirmaciones, tienes que usar palabras que resuenen contigo, con tus deseos y con tu energía. Las palabras poseen energía, al igual que tú. Diferentes palabras combinan con las diferentes energías de los demás.

Por ejemplo, hablemos de afirmaciones para atraer logros financieros. Algunas personas resuenan con la energía de la palabra "abundancia".

Por ejemplo, me encanta esta afirmación: "atraigo abundancia pacífica e ilimitada en todos los ámbitos de mi vida". Cada vez que la digo, inmediatamente visualizo imágenes únicas y emocionantes: sintiéndome feliz, sana, plena, rodeada de mis seres queridos y libre y estable financieramente, disfrutando todo lo que la vida tiene para ofrecer.

Cuando digo "abundancia", también me refiero a un equilibrio en todos los ámbitos de mi vida. Antes de descubrir el trabajo interno y la ley de la atracción, he estado en situaciones en las que podía manifestar logros financieros. Sin embargo, a costa de otros ámbitos de mi vida, mi salud, mi felicidad y mi plenitud me hicieron darme cuenta de la importancia de un equilibrio.

La palabra "abundancia" lo hace por mí. En mi caso, no se trata de miles de millones de dólares o de autos caros, porque esas cosas no resuenan conmigo ni con mi energía. Cuando digo "abundancia", me imagino a mí misma en la playa con mis seres queridos, comiendo comida rica y saludable y celebrando mis logros. Siento que el Universo cuida bien de mí.

Sin embargo, algunas personas dicen "abundancia" y no sienten nada. Algunas prefieren palabras como "dinero", "efectivo" o "dólares". En el caso de que usen otra moneda en tu país, como el euro o la libra, tal vez la palabra "dólar" no resuene contigo. Puede parecer algo muy lejano que las personas usan del otro lado del mundo. Pero si haces negocios en dólares o usan el dólar en tu país, tiene más sentido.

Al mismo tiempo, algunas personas que conozco, sobre todo si trabajan en *coaching*, resuenan con la palabra "impacto". Una amiga mía usa afirmaciones como estas: "cada día, logro un impacto en la vida de millones de personas y tengo un éxito increíble". Esto la inspira a crear más contenido para su blog y sus redes sociales, a conectar con sus seguidores, a ser *coach* personal y a crecer como líder. Cuando ella dice "impacto" en su interior, sabe que mientras más significativo sea ese impacto, más dinero, abundancia o dólares atraerá. ¡Funciona para ella!

El mismo concepto aplica para manifestar básicamente cualquier cosa en tu vida. Si quieres manifestar amor, pregúntate qué quieres decir con "amor". Para algunas personas, es casarse o encontrar a su alma gemela. Para otras, es atraer más romances emocionantes a sus vidas. Para otras, puede ser una mejor relación con su familia o su pareja. Algunas personas resuenan con la palabra "amor", otras con "romance", "seguridad" o "cuidado".

Al igual que con todo lo relacionado al trabajo interno, el camino puede ser tu destino, así que date algo de tiempo para explorar las palabras que sientes que resuenan con tu energía.

Cuando se trata de manifestar un cuerpo sano, existen muchas palabras que puedes usar según lo que resuene con tu alma.

Personalmente, me encanta esta frase: "estoy llena de energía imparable".

Sin embargo, hay personas que prefieren frases como: "estoy sano, delgado y en forma", mientras que otras querrán decir: "estoy tonificado" o "tengo buenos músculos". Tienes que profundizar en ello y preguntarte a ti mismo qué significa realmente para ti tener buena salud y concentrarte en palabras que reflejan tu energía.

También es esencial que te asegures de creer en lo que dices. Debes crear una conexión con tu afirmación. Por ejemplo, si sigues diciendo: "soy millonario", pero en tu mente la idea de ganar seis cifras al año es una meta bastante lejana, no crees en lo que dices y en consecuencia pierdes confianza en ti mismo y te alejas de tu destino. No estoy diciendo que tienes que abandonar tus deseos de convertirte en millonario o de ganar siete cifras al año (fíjate que algunas personas, por ejemplo, prefieren decir "ganar siete cifras" en vez de decir "ser millonario").

De vuelta a las grandes metas financieras, como volverse millonario, ganar siete cifras, o cualesquiera sean las palabras que resuenen más contigo; seguirá tratándose de metas propias, pero deberás analizarlas para convencerte de lo que dices y crear una afirmación en la que sepas que creerás.

Al mismo tiempo, debes sumergirte en el estudio de las mentes de los millonarios, cómo piensan y cómo perciben su realidad. Cuando hagas esto, tu subconsciente comenzará a creer poco a poco que volverse millonario es posible.

Cuando estudies a los millonarios, el único peligro que debes evitar es caer en la trampa de compararte con los demás cuando te sientas pesimista y decirte a ti mismo:

"oh, ellos pudieron lograrlo, pero yo no, porque soy esto y aquello".

Si esto llegara a ocurrir, asegúrate de regresar a los capítulos anteriores y volver a hacer los ejercicios. A veces puede ser mucho más beneficioso decir cosas como: "a pesar de que no soy uno de ellos en términos de dólares ganados, estoy muy feliz y agradecido por tener la oportunidad de estudiar a los millonarios, cómo piensan y lo que hacen, ¡ya que eso solo llena de abundancia a mi mente y mi alma!".

Ahora tomemos como ejemplo a la pérdida de peso. Si una persona nunca hace ejercicio y además de eso es adicta a la comida rápida, y elige una afirmación al azar, del estilo: "estoy delgado y en forma y he alcanzado el peso ideal", tal vez comience a sentirse mal y no creerá en lo que dice. ¡Lo sé, porque a mí me ha pasado!

Sin embargo, al igual que con el ejemplo de los millonarios, la persona podría crear una afirmación en la que crea para que sea su próxima meta. Por ejemplo, si su peso actual es de 90 kilos, pueden crear una afirmación sobre algo creíble, como pesar 80 kilos, y empezar desde allí. Al mismo tiempo, también pueden leer historias exitosas de pérdida de peso para inspirarse y lograr esa mentalidad y la energía de las personas que lograron perder peso y mantenerse, para estar cerca de la vibración de su próxima meta.

Recuerda: revisa siempre tu energía. ¿Cómo te sientes cuando recitas tus afirmaciones? ¿Realmente crees en ellas? Mientras que fingir un poco está bien, ya que puede ayudarte a expandir tu zona de confort y concentrarte en tu nueva realidad, asegúrate de no caer en la trampa de recitar ciegamente algo en lo que en realidad no crees.

Yo veo a las afirmaciones de la siguiente manera: pueden ser un puente para ayudarnos a concentrarnos y actuar con inspiración en sintonía con lo que queremos. También nos ayudan a programar nuestras mentes para el éxito y buscar evidencia para lograr lo que deseamos. Verás, si no hacemos nada y dejamos que nuestra mente funcione en piloto automático, es muy probable que comencemos a buscar pruebas de por qué no podemos tener lo que queremos.

Las afirmaciones son una parte importante del rompecabezas. Sin embargo, como ya lo hemos explicado, también existen otras piezas a tener en cuenta. Son nuestra energía, nuestra mentalidad, nuestras creencias, cómo nos tratamos en nuestro interior, qué tipo de pruebas buscamos, las acciones positivas (por ejemplo, estudiar a la gente exitosa) o negativas (el cotilleo, la prensa pesimista o los medios o discursos detrimentales).

También creo que las afirmaciones pueden ayudarte a entrenar tu mente y a descubrir qué y cómo te sientes cuando las recitas. Para mí, decir afirmaciones es como salir de compras: te pruebas diferentes atuendos para ver cuál te gusta más. Cuando encuentras el atuendo perfecto, te enamoras de él y tienes ganas de usarlo todo el tiempo. Al mismo tiempo, en algún momento necesitarás otro atuendo, y eso está más que bien. ¡Siempre se pueden dejar atrás las viejas afirmaciones o decidir cambiar nuestro estilo!

A continuación encontrarás algunos consejos que te ayudarán a crear afirmaciones que funcionen para ti:

- Recuerda emplear afirmaciones en tiempo presente y evita afirmaciones como "quiero perder peso", ya que como dijimos al comienzo de este libro, "querer" significa que estás en la energía del no tener. Para atraer lo que deseas, tu vibración debe estar en sintonía con ello, así que tus pensamientos, tus afirmaciones y la forma en la que hablas contigo mismo y con los demás deben ser los de la persona que ya vive en la realidad de tus sueños.

- No intentes abarcar demasiado con tus afirmaciones ni con cosas para manifestar. Mi consejo es que te concentres en una o como máximo dos cosas a la vez. Si los dos deseos están interconectados, eso también ayudará. Por ejemplo, una energía imparable y una buena salud te ayudarán a rendir mejor en tu negocio o empleo. En este caso, es lógico enfocarse en dos cosas a la vez. Al mismo tiempo, si manifiestas más éxito en tu trabajo o negocio, podrás aumentar tus ganancias, lo cual te permitirá comprar productos o alimentos de calidad para cuidar de tu salud.

Sin embargo, una lista súper larga de deseos puede generar una energía desordenada y eso lleva a una falta de foco. No me malinterpretes: tienes una lista larga de metas y cosas que deseas manifestar a largo plazo. Si lo haces, te recomiendo que crees un panel de visión para recordar lo buena que será la realidad que está por venir. Pero cuando se trata de manifestar con afirmaciones, te recomiendo que te enfoques en una o dos cosas al mismo tiempo. Una vez que se manifiesten, repite el proceso. ¡Es muy divertido!

- Sé consciente de los sentimientos de desesperación y de pérdida de paciencia. Lo sé, lo sé; es más fácil decirlo que hacerlo.

Pero esto es lo que sucede: en ocasiones, el Universo quiere ponerte a prueba, o a veces no es el momento adecuado. Cuando pierdes la paciencia, también pierdes la confianza en ti mismo y en tus habilidades. Cambiar de rumbo puede ser una buena decisión de vez en cuando, y a veces no manifestamos lo que creemos que deseamos, pues hay algo mejor para nosotros ahí afuera, esperándonos. La forma en la que funciona el mundo es perfecta. ¿Acaso te impacientas esperando a que salga el sol? Por supuesto que no. Sabes que existen diferentes ciclos en la vida. El día y la noche. El verano y el invierno. Por ejemplo, dar a luz a un bebé tarda nueve meses. No es que podamos acelerar el proceso en un mes con nueve mujeres en lugar de una. Así que sé paciente y disfruta el proceso. Pregúntate qué cosas estás aprendiendo y descubriendo. Agradece cada día por la persona en la que te estás convirtiendo. Disfruta la vista a medida que escalas la montaña del optimismo.

- De ser necesario, en lugar de "yo", usa "Dios", "el Universo", o cualquiera sea el poder en el que creas.

Algunas personas no creerán en "soy tan poderoso". En cambio, preferirán decir: "Dios es tan poderoso".

Por lo tanto, en vez de decir "soy tan poderoso y siempre atraigo abundancia ilimitada", pueden elegir decir: "Dios es tan poderoso y siempre me ayuda a manifestar abundancia ilimitada".

Elige lo que sea que funcione para ti.

Personalmente, elijo ambas opciones. Por ejemplo, cuando creo y escribo, me encanta usar esta afirmación: "siento el poder creativo de Dios y del Universo que fluye a través de mí". Esta afirmación tiene mucha lógica, ya que cada vez que creo o escribo, siento que estoy conectada a algo más grande que yo, y me siento una co-creadora. En otras palabras, le doy crédito al Universo y a Dios, porque yo creo en esto y es lo que alimenta mi trabajo.

Ya sabes, la decisión es tuya. Sin embargo, para muchas personas, incorporar a un poder superior en tus afirmaciones les da más seguridad y paz mental y hace que crean por completo en lo que desean manifestar.

- Entra en una buena vibra con música y ejercicio. Crea una lista de canciones con tu música favorita, de preferencia música y letras que te hagan sentir bien, para entrar en un buen estado de ánimo alegre antes de recitar tus afirmaciones. En este caso, elegiría música y canciones instrumentales, para concentrarte por completo en tus afirmaciones y usar el poder de la música para darte energía y ánimo.

- Escribe siempre tus afirmaciones de distintas formas para ver cuáles resuenan mejor contigo. Cuando escribes tus afirmaciones, ¿sientes cómo se manifiestan en tu realidad física? ¿No es algo increíblemente poderoso?

- Haz que tus afirmaciones sean breves y precisas, a menos que te sientas a gusto con afirmaciones llenas de palabrería que parecen un poema.

La mayoría de las personas se benefician con afirmaciones más cortas y concisas, llenas de palabras poderosas y emotivas; pero, como sabes, ¡sobre gustos no hay nada escrito!

- Jamás uses palabras negativas, como por ejemplo: "no quiero perder mi empleo", pues tu subconsciente no entiende los "no", así que todo lo que escucha es "quiero perder mi empleo".

A menos, claro, que por alguna razón quieras manifestar perder tu empleo. Asegúrate de crear tus afirmaciones en forma positiva.

Y, como ya sabes, no uses "quiero".

Una afirmación mucho mejor sería la siguiente:

"Tengo un empleo increíble, estable y bien pago, y amo lo que hago".

O: "me pagan bien (incluye cuánto dinero quieres manifestar con exactitud), hago lo que amo y trabajo con personas amables e increíbles".

Sin embargo, siempre hay algo bueno en lo malo. Si alguna vez te descubres diciéndote cosas negativas como "no quiero manifestar esto y aquello", tanto así que se convierte en tu historia interna o en una afirmación negativa, usa esta información para convertirla en una declaración o afirmación positiva.

Por ejemplo, muchos lectores me dicen: "Elena, no sé lo que realmente quiero".

Y yo les digo: "¡estoy segura de que sabes lo que no quieres, así que úsalo como punto de partida y transfórmalo!".

¡Al menos podremos hacer buen uso de lo negativo si actuamos a tiempo!

- Incorpora algo de emoción. Por ejemplo: "estoy tan agradecido por" o "estoy tan feliz y agradecido porque" o "me encanta".

Por ejemplo: "ahora gano diez mil dólares estadounidenses al mes en el trabajo de mis sueños; estoy con personas increíbles, ¡y me encanta!".

- No uses las metas o las historias de éxito de otras personas como afirmaciones. Piensa siempre dos veces y analiza tu energía cuando pienses en tu afirmación y en una meta oculta detrás de ella. ¿Quieres una casa más grande solo para impresionar a los demás o porque crees que es lo que los demás esperan de ti? Bueno, ¿tal vez no es realmente tu meta? ¿Quizás eres feliz viviendo en un apartamento pequeño y manifestando otra cosa?

Al mismo tiempo, si pensar en vivir en una casa más grande enciende tu alma, ¡ve a por ello!

- Deja tus afirmaciones por todas partes: en la oficina, el auto, el espejo, el clóset, el refrigerador, etcétera.

¡No las ocultes! Asegúrate de verlas bastante seguido y que ellas también te vean. Te ayudarán a mantenerte resiliente mientras cuidas de tu buen ánimo y de tu vibración.

Repítelas además frente al espejo, al menos tres o cuatro veces al día. A estas alturas no debería ser difícil o raro, porque ya habrás hecho tu versión de trabajo con el espejo en los capítulos anteriores (a menos que no hayas hecho tu tarea como corresponde, jajaja).

- Si la plática negativa aparece mientras recitas tus afirmaciones, no entres en pánico. Solo di: "cancela, cancela" y sigue adelante.

Si la plática o las imágenes negativas continúan, te recomiendo ampliamente que uses la técnica de liberación emocional. Date pequeños golpecitos para comenzar a eliminar la energía bloqueada.

Hay muchos buenos videos en YouTube que puedes aprovechar para realizar la técnica de *tapping* y liberar las viejas emociones y energías negativas, para que tus afirmaciones y tu proceso de manifestación sean más efectivos y divertidos. Soy una gran fanática del *tapping* y uso las técnicas a diario. ¡Si tan solo lo hubiera descubierto antes! Pero bueno, al menos ahora puedo apreciar cuán valioso es.

- Siente las emociones que rodean a tus afirmaciones y visualízalas mientras las repites. ¿Cómo se siente vivir la realidad de tus sueños? ¿Con quién la compartes? ¿Quién es la primera persona con la que compartes tus logros con la manifestación?

La visualización es una habilidad de manifestación sobre la cual profundizo más en mi libro *Visualización Desmitificada*.

Sin embargo, si recién comienzas en esto, no te preocupes. Solo relájate y date el lujo de entrar en la realidad de tus sueños. Si no puedes visualizar por el momento, concéntrate en otros sentidos, como por ejemplo el olfato o el oído. Digamos que tu afirmación es la siguiente: "ahora vivo en una bonita casa en la playa de cuatro habitaciones; me encanta el sonido del océano".

Para respaldar tu afirmación y tu nueva visión, puedes comenzar a escuchar los sonidos del océano en YouTube o entrar en un estado de "actuar como si ya sucediera", hablando contigo mismo. "¿Por qué no tomamos una taza de café mientras miramos el océano?".

Luego procedes a preparar café (en el mundo actual) mientras sientes como si estuvieras en tu nueva cocina, en tu nueva casa, sintiendo la emoción de saborear una buena taza de café después del trabajo y disfrutas los sonidos y los aromas del océano.

Recuerda que todo se trata de sintonizar tu vibración con lo que sea que desees y a la vez aceptar la persona en la que te estás convirtiendo y agradecer por cada paso del proceso.

Sigue escalando la montaña del optimismo. Ten cuidado con lo que dices; las palabras importan, ¡y puedes usarlas para ser el creador consciente de la realidad de tus sueños!

Tu desafío de hoy es crear tu afirmación personal y usarla como puente para practicar la resiliencia y el valor para seguir manifestando la realidad de tus sueños al siguiente nivel. La realidad de tus sueños ya está dentro de ti. Tengo la certeza de que este desafío te ayudará a enfocarte en lo positivo y a alinearte por completo con tus acciones, tus pensamientos, tus sentimientos y tu vibración.

Conclusión: Confía en ti mismo

¡Sigue expandiéndote y no te detengas! Mira cómo tu energía se transforma. Personifica tus deseos. Sé tus deseos. Reafirma tus deseos con lo que haces y con lo que piensas de ti mismo, no solo con lo que dices.

No te desalientes ni te impacientes si te toma más tiempo manifestar tus deseos; el viaje en sí mismo es tu destino. A medida que te exploras a ti mismo y a tus habilidades de manifestación, te conviertes en una mejor persona. Eres amable contigo mismo y con los demás y cultivas una mentalidad positiva, inculcada de gratitud infinita. ¡Solo eso es un regalo para quienes te rodean!

Sigue practicando todo lo que has aprendido y sigue compartiendo estos conceptos con los demás. Juntos podremos cambiar el mundo si mejoramos la vibración del planeta de manera colectiva.

Espero de todo corazón que este libro te haya inspirado y te haya brindado herramientas nuevas para ampliar tu conocimiento y crear conciencia.

¡Eres ilimitado! ¡Eres poderoso! ¡Eres increíble!

¡Creo en ti y te deseo todo lo mejor en este proceso!

Con amor,

Elena

Más Libros de Elena G. Rivers en Español

La mentalidad para atraer el dinero: Deja de manifestar lo que no quieres y cambia tu mente subconsciente hacia el dinero y la abundancia

Desmitificando los secretos de la manifestación: Técnicas avanzadas sobre Ley de la Atracción para manifestar tu realidad soñada al cambiar tu autoimagen para siempre

El Amor de la Atracción: Secretos probados para dejar la mentalidad basada en el miedo, activar ley de la atracción y comenzar a manifestar tus deseos

Libro de actividades de ley de la atracción: Cómo elevar tu vibración en 5 días o menos para manifestar la vida y la abundancia que mereces

Encontrarás más buscando "Elena G.Rivers" en Amazon y en nuestra web:

www.loaforsuccess.com/spanish

Contacto:

info@LOAforSuccess.com

For English website & books visit:

www.loaforsuccess.com

www.ingramcontent.com/pod-product-compliance
Lightning Source LLC
Chambersburg PA
CBHW071404080526
44587CB00017B/3178